AF243424

JEAN DE BASMAISON

ÉTUDE HISTORIQUE & BIOGRAPHIQUE

SUR

JEAN DE BASMAISON

AVOCAT A LA SÉNÉCHAUSSÉE D'AUVERGNE

DÉPUTÉ AUX ÉTATS DE BLOIS.

LUE A LA SOCIÉTÉ DU MUSÉE DE RIOM,
SÉANCE DU 16 MARS 1867

PAR

M. Chirol De Labrousse,

Ancien Bâtonnier de l'ordre des Avocats,
CONSEILLER A LA COUR IMPÉRIALE DE RIOM,
Chevalier de la Légion d'honneur,

RIOM.

—

IMPRIMERIE DE ULYSSE JOUVET,
1867.

JEAN DE BASMAISON.

Indocti discant et ament meminisse periti.
JUVÉNAL.

Messieurs,

Il n'est pas d'époque, dans notre histoire, où la vie intellectuelle et morale ait été plus active, plus passionnée et plus immédiatement soumise à l'influence des évènements, que le XVIᵉ siècle.

Ce siècle avait commencé au milieu de la période glorieuse de la Renaissance des lettres et des arts, favorisée en Italie par le pape Léon X, en France par le roi Louis

XII, complétée par l'impulsion et par les fondations royales de François Ier.

L'art de l'imprimerie, récemment découvert en Allemagne, était venu se fixer et se perfectionner à Paris où, dès l'année 1470, on avait pu imprimer correctement des ouvrages entiers, et mettre à la portée de tout le monde les chefs-d'œuvre de l'antiquité jusqu'alors enfouis, en simples manuscrits (1), dans les archives des monastères, ou dans les bibliothèques d'un petit nombre de savants. Des Ecoles publiques (2), ayant au-dessus d'elles l'Université et le Collége de France, avaient été établies dans toutes nos grandes villes; des professeurs instruits, choisis avec le plus grand soin dans le pays, ou attirés de l'étranger, initiaient la jeunesse à la connaissance des langues anciennes, lui apprenaient l'art difficile de bien dire, et lui inculquaient le goût d'une saine littérature.

(1) Voir les notes supplétives.

(2) Déjà il existait des Ecoles de Droit avant la Renaissance. Vers le milieu du douzième siècle, on découvrit, par hasard, en Italie, les Pandectes de Justinien. On fut frappé du mérite d'un système de lois où tout ce qui intéresse essentiellement le genre humain, dans tous les âges, était fixé avec autant de sagesse que de justice et de précision. Les hommes de lettres se livrèrent avec ardeur à cette nouvelle science, et peu d'années après cette découverte, on nomma, dans la plupart des Etats de l'Europe, des professeurs de Droit civil, chargés d'en donner des leçons publiques.

(V. Robertson. — *Histoire de Charles-Quint.* — *Introduction*).

C'était aussi le temps de la Réforme, proclamée par Luther (1) et développée par Calvin, dont les théories quoique toujours combattues et réfutées, avaient été acceptées par une grande partie des États de l'Europe, et en France principalement, avaient enfanté des discordes implacables et des guerres civiles, qui ne devaient finir qu'avec le siècle lui-même.

Jean de Basmaison-Pougnet (2), l'un des plus grands jurisconsultes de son temps, et l'une des gloires les plus pures de l'Auvergne, naquit à Vic-le-Comte à cette époque mémorable des fortes études, qui produisit tant d'hommes célèbres (3) et fut si féconde en agitations politiques et religieuses.

On ne sait pas quelle fut la date précise de sa naissance; cependant il est permis de supposer, d'après une lettre de lui, qu'il était né en 1529 ou 1530. On ne sait rien non plus sur sa famille, qui semble avoir appartenu à la noblesse

(1) Luther avait fait éclater son schisme en 1520; il mourut en 1546·
Calvin commença à se faire connaître en 1534.

(2) *Pougnet.* Surnom donné à Basmaison, du nom d'un faubourg de Vic-le-Comte, où il possédait une maison, sans doute pour le distinguer d'autres personnes de sa famille. (V. Consul. — *Cout. d'Auv.* — *Préface*).

(3) Voir notes supplétives.

ou à la haute-bourgeoisie; l'éducation qui lui fut donnée ne peut laisser le moindre doute sur ce point.

Doué d'une grande intelligence et d'une volonté ferme, il se fit remarquer, de bonne heure, par des habitudes laborieuses et fit ses premières études en Auvergne, très-probablement à Billom (1), où existaient en même temps une faculté de droit civil et canonique, et un collége célèbre, fréquenté par la jeunesse de toute la province et des provinces voisines.

Basmaison fut ensuite à Paris pour y compléter son instruction, continuer l'étude des lettres et du droit sous les professeurs les plus habiles, et s'initier aux meilleures traditions de l'éloquence judiciaire par la fréquentation des audiences du Parlement. Il eut la bonne fortune d'y faire la connaissance et de devenir bientôt l'ami de plusieurs jeunes hommes qui partageaient ses goûts laborieux, son amour de la retraite et son désir d'apprendre; parmi eux, je puis citer avec certitude : Charles Dumoulin, Etienne Pasquier, Imbert, qui surent conquérir, plus tard, de hautes positions comme littérateurs, écrivains ou jurisconsultes.

(6) Voir Chabrol, *Cout. d'Auv.*, article Billom. — En 1555, Guillaume Duprat, évêque de Clermont, et fils du chancelier, plaça le collége sous la direction des Jésuites; plus tard, et par son testament, il chargea les Jésuites de nourrir, entretenir et enseigner dix-huit pauvres écoliers de son diocèse.

Basmaison, après quelques années de séjour à Paris, avait reçu son diplôme d'avocat, et Consul nous apprend « qu'après s'être rendu très-habile en l'étude des belles-» lettres et en la science du droit, il alla chercher, à Riom, » l'emploi de ses talents. »

A cette époque, Messieurs, quand on parlait de Belles-Lettres, on entendait évidemment les lettres grecques et latines dont la culture, depuis le commencement de la Renaissance, était devenue de plus en plus générale ; car, quoique, déjà, les livres publiés en français fussent très-nombreux; que beaucoup d'auteurs, aujourd'hui complètement oubliés, crussent qu'il suffisait d'écrire sur un sujet quelconque pour aller à la postérité, et que, comme dit Montaigne, « il y eut assaut d'*émulation livresque,* » la langue française en était à ses premiers rudiments ; pleine de rudesse et d'âpreté, elle se prêtait peu à traduire la pensée ou à la revêtir d'une forme agréable. Elle devait, en s'améliorant peu à peu pendant près d'un siècle, attendre que Malherbe vint donner à la poésie, du nombre, de la cadence et de l'harmonie ; que Blaise Pascal, dans une prose pure et correcte, vint adoucir la dureté de l'expression, déterminer la véritable acception du mot, épurer et rajeunir le vocabulaire, donner à la phrase un tour naturel et une élégante parure ; découvrir, le premier, toutes les ressources que la langue française pouvait offrir pour exprimer noblement les plus belles conceptions de l'esprit humain ; en fixer, définitivement, le caractère et le génie, en même temps que la forme.

Aussi, Messieurs, voit-on que tous les livres les plus sérieux, publiés pendant le xvi⁰ siècle, sont écrits en latin, parce que l'usage de ce bel idiome, qui avait été la langue vulgaire de la France sous les rois de la première race, s'était perpétué parmi les hommes éclairés ; aussi, jusqu'au temps de Basmaison, tous les actes publics avaient été rédigés en latin, et ce n'est qu'en 1539, que l'ordonnance de Villers-Cotterets prescrivit qu'à l'avenir, ils seraient écrits en langue française.

C'est donc dans les chefs-d'œuvre de l'antiquité grecque et latine que Basmaison avait étudié l'histoire, la philosophie et la morale, l'éloquence et la poésie.

Il ne tarda pas à faire d'heureux débuts à la sénéchaussée de Riom, et cependant il éprouva bientôt quelque hésitation à suivre la profession d'avocat, soit qu'il trouvât que la clientèle n'arrivait pas aussi vîte qu'il l'aurait désiré, soit qu'il fut effrayé des difficultés à vaincre pour obtenir un rang honorable au barreau ; il en avait fait la confidence à Etienne Pasquier, qui venait, lui-même, de faire ses premiers essais au Parlement de Paris ; et Pasquier, dans sa réponse, l'avait grondé doucement de ce que, déjà, il semblait se repentir de son entreprise et se livrer au découragement :

« Estimez-vous, lui dit-il, si fortune ne vous a esté,
» soudain après vostre retour, favorable, que toute la suite
» en soit telle?... Comme si vous estiez à cognoistre que
» les commencements aspres et fascheux produisent une
» fin très-douce ; .... Vous avez tort et recognoissez très-
» mal les dons de grâces que nature vous a eslargis, pour
» en estre avare envers les autres ; vous et moy courons
» mêmes risques ; vous en la ville de Riom, moy en celle
» de Paris. Et encores que j'aye mille sujets et arguments
» de mescontentement, si vis-je en ceste ferme espérance
» que le temps nous gardera nos rangs et prérogatives,
» comme il a faict à ceux qui, par priorité de leurs aages,
» tiennent maintenant le devant de nous, moyennant que
» nous accompagnions nos estudes et bonnes volontés
» d'une continüe : Vray, qu'en la comparaison de nous
» deux, je trouve votre condition meilleure que la mienne;
» d'autant que du premier coup, avez mieux aymé estre
» le coq en vostre pays, que, par une longue traicte de
» temps, mettre en ceste ville de Paris, tous vos pense-
» ments sur une table d'attente, de laquelle, cependant,
» je charme mes plus grands ennuis, me consolant tou-
» jours de cet ancien proverbe, que petit à petit on exploite
» grand chemin. »

Basmaison ne s'était pas borné à entretenir son ami des premières difficultés de sa profession ; il lui avait aussi parlé d'amour, et il n'y avait rien d'étonnant en cela ; ils étaient jeunes tous les deux et à peu près du même âge; une confidence de ce genre était donc bien naturelle ; mais Basmaison s'était flatté d'avoir dompté l'amour et Pasquier, qui s'y connaissait, si l'on en juge par ses poésies légères françaises et latines (1), lui répondait avec une pointe d'ironie :

« Quant à ce que me mandez avoir rendu l'amour
» esclave.... Comment ! Se pourrait-il bien faire ?... S'il en
» est ainsi, ah ! pauvre malheureux !... As-tu mieux aymé
» une serve liberté qu'une franche et libre prison ?...
» Amorty ne l'avez-vous point, quelque chose que m'en
» escriviez, ains endormy, et à la charge de se réveiller
» de plus beau, quelque jour, pour vous faire réparer l'in-
» jure que vous vantez lui avoir faict.»

Pasquier terminait sa lettre en faisant savoir à Basmaison qu'il avait débuté au Parlement de Paris, *dans une cause toute publique*, concernant la réformation générale du collége de Beauvais, *avec grande assistance d'escholiers*, et que l'affaire *avait esté appointée au conseil.*

(1) Voir notes supplétives.

Les deux amis avaient donc fait, presque en même temps, leurs premiers pas dans la carrière du barreau, où ils devaient, l'un et l'autre, briller au premier rang.

Basmaison se remit au travail avec persévérance, et se fit bientôt connaître par d'éclatants succès.

Le seul écrivain (1) qui nous ait laissé quelques renseignements sur sa vie, nous apprend : « qu'ayant donné de
» grandes preuves de sa capacité et de son éloquence, il
» acquit une si belle réputation, qu'il forma en très-peu
» de temps un emploi très-considérable, qui lui attira l'es-
» time générale de son pays et des pays circonvoisins ;
» qu'on remarquait, en lui, deux qualités excellentes,
» beaucoup de lumières et beaucoup de probité, accom-
» pagnée d'une grande facilité à s'expliquer en termes fort
» diserts et fort élégants, ce qui paraissait particulière-
» ment en toutes les actions publiques, où l'on a plus de
» liberté de s'étendre : qu'il avait les qualités que Martial
» désire d'un avocat achevé, *jure madens, longoque fori*
» *limatus in usu.*

» Qu'enfin, il se distinguait aussi par son désintéresse-
» ment ; qu'il avait une âme élevée au-dessus de l'intérêt,
» faisant plus d'état de l'honneur et de la vertu que du
» bien et de la fortune.»

(1) Consul.

A toutes ces qualités que l'on trouve si rarement réunies dans un seul homme, il faut ajouter, sans aucun doute, l'autorité morale que donne une grande célébrité acquise par le talent; et si nous n'avions à considérer Basmaison que comme avocat, je devrais terminer ici son éloge. Mais il fut appelé à jouer un rôle considérable dans la politique de son pays et à représenter la province dans les occasions les plus solennelles; et, comme jurisconsulte, il fit de savants ouvrages sur le droit; ma tâche n'est donc point achevée, et je dois vous le faire connaître sous un nouveau jour.

Henri III avait publié, en mai 1576, un de ces édits, appelés par les historiens *édits de pacification*, que Catherine de Médicis faisait intervenir toutes les fois que les huguenots remportaient quelques avantages trop marqués sur les catholiques, et cet édit était le plus favorable que les huguenots eussent obtenu jusqu'alors; car il leur accordait l'exercice public de la religion, prétendue réformée, qui leur avait toujours été sévèrement interdit; il y était dit, en outre, que les prêtres et les moines, qui s'étaient mariés, ne pourraient être inquiétés à ce sujet, et que leurs enfants seraient regardés comme légitimes. Mais cet édit avait révolté les catholiques et donné lieu à la confédération appelée de la Sainte-Ligue, d'abord tenue secrète et cherchant des affiliés dans quelques provinces seulement, avant de couvrir de ses réseaux la France entière.

Effrayé des suites que pouvait avoir cette manifestation,
Henri III se vit obligé de convoquer, à Blois, les États-généraux du royaume, dans l'espérance de pacifier le pays et
de régler les affaires de religion avec le concours des trois
ordres.

Basmaison fut député à Blois, par la province d'Auvergne, pour y représenter le tiers-état.

Alors, comme aujourd'hui, sauf des différences qu'il est
inutile de signaler, les classes moyennes, appelées à faire
entendre leurs doléances au Souverain, choisissaient pour
leurs interprètes les hommes qui se distinguaient par
leur patriotisme, et que l'art de la parole mettait le plus à
même de défendre les intérêts du peuple contre les prétentions de la couronne et des deux ordres privilégiés. A ce
titre, on ne pouvait élire un mandataire plus capable et
plus zélé que Basmaison ; il ne faut pas croire, cependant,
qu'il dut se présenter dans cette assemblée célèbre pour y
faire de l'opposition. Il y vint animé d'un grand esprit de
sagesse et de conciliation ; sa modération et son éloquence
persuasive lui méritèrent promptement l'estime des Etats,
et il en reçut bientôt un témoignage non moins flatteur
qu'honorable.

Il devait être principalement question, aux Etats de
Blois, de faire cesser la différence de religion, cause per-

manente de la guerre civile; et le parti de la Ligue demandait avec insistance qu'il fût décidé formellement que la seule religion catholique romaine pourrait être exercée et tolérée en France; d'où la conséquence que les protestants devaient être contraints à changer de religion ou être bannis du royaume, comme il est arrivé sous Louis XIV, après la révocation de l'édit de Nantes (1). Mais l'on ne pouvait discuter une mesure si grave hors la présence des chefs du parti protestant (Henri de Bourbon, roi de Navarre, et le prince de Condé), qui, quoique convoqués, n'avaient pas cru prudent de se présenter aux Etats, parce qu'ils n'ignoraient pas ce qui se tramait contre eux et leurs coreligionnaires. Il fut donc décidé qu'on enverrait à chacun d'eux une députation pour les inviter à venir prendre séance, et Basmaison fut désigné, par le roi et par les Etats, pour se rendre auprès du prince de Condé, avec l'évêque d'Autun et le comte de Montmorin.

Cette démarche fut rendue inutile par le refus des deux princes; mais elle prouve que Basmaison, qui s'était fait remarquer par ses dispositions conciliantes, avait été jugé l'un des plus dignes et des plus capables de bien remplir une mission diplomatique aussi délicate.

(1) L'édit de Nantes fut révoqué par un édit du 22 octobre 1685.

Basmaison eut l'occasion de soutenir, aux États de
Blois, et il le fit avec autant d'esprit que de prudence, les
intérêts du tiers-état contre les prétentions de la noblesse;
et, lorsque fut agitée la grande question relative aux protestants et à l'interdiction de la religion réformée, il fit
entendre au roi et aux États-généraux des conseils inspirés par la meilleure politique.

« Il nous reste encore de lui, dit Consul, un excellent
» discours où l'on voit le génie qu'il avait pour traiter les
» grandes matières, avec une politesse qui n'était pas
» commune en son siècle, et avec une force de raisonne-
» ment qui marque qu'il n'était pas moins éclairé et moins
» instruit aux secrets de la plus fine et de la plus subtile
» politique, qu'en ceux de la jurisprudence et de la science
» du palais.

» Dans ce discours, il traite à fond la question si im-
» portante de savoir si, dans l'ardeur de la guerre civile,
» que la différence de religion avait allumée dans le
» royaume, et qui avait donné lieu à la convocation des
» États, il était plus sûr et plus honnête de traiter les
» religionnaires avec douceur, pour les remettre dans leur
» devoir, que de les contraindre, par la force des armes, à
» se soumettre à la volonté du roi ; et après avoir examiné
» ce problème avec une éloquence forte et vigoureuse
» (telle qu'elle devait être en un rencontre si remarqua-

2

» ble), il conclut qu'il était plus à propos et plus digne de
» la prudence et de la grandeur du roi, de pardonner à
» des sujets rebelles, pour les ramener dans l'obéissance
» qu'ils devaient à leur prince, que d'irriter et aggraver le
» mal par la dureté du remède. »

Cette appréciation de Consul qui, évidemment, avait lu
ce discours que je regrette de n'avoir trouvé nulle part,
doit vous donner, Messieurs, la plus haute idée de l'indépendance avec laquelle Basmaison fit entendre un langage
si contraire aux vœux des partisans de la Ligue.

Du reste, ce discours put contribuer à faire fléchir la
rigueur des catholiques, car les États se bornèrent à révoquer les avantages faits aux protestants par l'édit du mois
de mai, sans interdire leur culte, à moins qu'il ne fût
publiquement exercé; mais les catholiques remportèrent
un autre avantage. Henri III eut la faiblesse de signer le
traité de la Ligue, et fut imité par le duc d'Anjou, son
frère, et par une partie considérable des députés de la
noblesse, du clergé et même du tiers-état; le roi se déclara
d'ailleurs le chef de la Ligue qui, dès ce moment, prit le
caractère d'une association publique, sous le titre de la
Sainte-union; enfin, avant de se séparer, les trois ordres
décidèrent la reprise des hostilités contre les protestants.

Après avoir rempli sa mission, Basmaison revint en

Auvergne, où l'admiration de ses concitoyens fut la récom-
pense de la conduite qu'il avait tenue à Blois.

Peu de temps après, nous dit Consul, « il eut encore
» l'honneur d'être député autres deux fois, vers le roi
» Henri III, pour les affaires du pays, préférablement à
» plusieurs grands personnages qui possédaient les prin-
» cipales charges de la province.»

Malgré les travaux incessants du palais, Basmaison
s'était occupé de deux ouvrages sur des matières dont il
avait fait une longue étude dans l'exercice de sa profession : l'un était un précis substantiel sur le droit des fiefs
et arrière-fiefs; l'autre, un commentaire des Coutumes de
l'Auvergne.

Le premier fut imprimé et publié en 1579, sous le titre
de *Sommaire discours des fiefs et rière-fiefs*, et l'auteur le dédia aux seigneurs de la noblesse d'Auvergne;
mais, comme le mérite de Basmaison n'était égalé que par
sa modestie, il avait longtemps hésité à faire paraître cet
ouvrage. Aussi, disait-il, dans son épître dédicatoire, que
« faisait légation en cour, vers Sa Majesté, au mois d'oc-
» tobre précédent, il l'avait communiqué aux sieurs
» Pasquier et Imbert (1), ses amis anciens, et personnages

(1) Imbert, d'abord avocat au Parlement de Paris, fut ensuite lieutenant-criminel au siége royal de Fontenay-le-Comte. Il a fait plusieurs ouvrages :

» de suffisance, l'avis desquels avait servy à plus franche-
» ment l'émanciper et mettre en lumière.»

Il ne pouvait placer son livre sous un patronage plus recommandable et plus compétent.

De plus, et comme s'il avait fallu un autre stimulant pour vaincre la résistance de Basmaison, Imbert lui avait écrit, le 28 octobre 1578, une lettre placée en tête de l'ouvrage, pour lui servir de passeport, et dans laquelle il donnait à l'auteur les plus grands éloges sur ses travaux continuels, sur son zèle à défendre le pauvre peuple *accueilli par tant de moleste et d'oppression*, et sur les différentes missions dont il avait été honoré.

Enfin, Messieurs, on voit encore, en tête de ce livre, un sonnet composé par un sieur Bretonnière, à la louange de Basmaison; et cet opuscule, dans lequel l'auteur ne craint pas d'appeler le traité des fiefs, *un divin traité,* peut donner une idée de ce qu'était la poésie française à cette époque.

Il ne faut pas s'étonner, d'ailleurs, de ce que les amis de Basmaison annonçaient si pompeusement le traité des

1° Les *Institutions forenses,* qu'il avait écrites en latin, et qu'après trois éditions successives, il traduisit lui-même en français;

2° Un *Enchiridion* ou Bref recueil du Droit écrit observé en France.

Après la mort d'Imbert, Claude Binet fit son épitaphe en vers latins. On la trouve en tête des *Institutions forenses.*

fiefs ; l'exagération des éloges, l'hyperbole la plus outrée, étaient alors dans les mœurs ; l'on trouverait difficilement un livre de cette époque, qui ne soit précédé de pièces de vers, ou d'épîtres pleines d'adulation pour l'auteur, et de recommandations à l'adresse du public. C'est la manière dont on faisait ce que nous appelons aujourd'hui la *réclame* ; il est vrai que les journaux et les revues littéraires n'étaient pas encore inventés.

Quelques mots maintenant sur l'ouvrage de Basmaison.

Le sujet, il faut bien le dire, était fort aride ; mais ce livre semblait présenter un intérêt d'actualité ; il parut dans un temps de guerre civile, où les seigneurs, toujours en armes, mettaient souvent leurs volontés au-dessus des lois, et où la plupart d'entre eux opprimaient leurs vassaux. Basmaison, qui avait plaidé la cause de ceux-ci devant les Etats de Blois, n'eut d'autre but que de faire connaître aux vassaux toute l'étendue de leurs obligations, et aux seigneurs la limite de leur autorité. Dans la pensée de l'auteur, son livre devait être une espèce de manuel dans lequel les uns et les autres pourraient trouver immédiatement l'indication de leurs droits et de leurs devoirs ; et il désirait surtout que ce livre fût connu de ceux pour qui il l'avait principalement composé. Aussi, en le dédiant aux seigneurs qu'il craignait, peut-être, d'avoir

mécontentés, il leur disait que « ce livre ne les détourne-
» rait pas beaucoup de leurs plus louables exercices des
» armes, des chevaux et de la chasse, et que, *pour les*
» *convier à le lire*, il l'avait disposé sans allégations,
» questions, diversité d'opinions et contrariété d'argu-
» ments, lesquelles auraient grossi le volume, mais, autant
» possible, refroidi le désir de la lecture, sans aucun fruit
» pour l'ouvrage.»

En effet, Messieurs, Basmaison, profondément pénétré
de son sujet, se borne à affirmer les principes sans la
moindre citation des textes de droit ou de jurisprudence;
il traite, avec beaucoup de clarté, de la nature et de l'origine des fiefs et arrière-fiefs; de l'hommage et du serment;
de l'investiture et de l'inféodation; des devoirs et obligations du vassal; des charges et de la juridiction particulière
des fiefs; des prescriptions, de la commise des fiefs, et de
leur confiscation dans le cas de félonie. En exposant les
principes relatifs à chacune des matières énoncées dans
cette division, il les approprie au droit féodal observé en
Auvergne, d'après le titre xxii de la Coutume.

Ce premier ouvrage, estimé du public, parce qu'il fut
éminemment utile tant que dura le régime féodal, n'avait
été qu'un jeu pour Basmaison dont l'œuvre de prédilection,
le commentaire des Coutumes de l'Auvergne, devait répon-

dre à un besoin plus général, et ajouter encore à sa réputation de jurisconsulte.

Les Coutumes de l'Auvergne n'avaient été, pendant un très long temps, constatées que par une tradition assez vague ou par des actes de notoriété; plus tard, la pratique de Mazuer (1), dont les opinions faisaient autorité, les avait fait connaître d'une manière plus précise, et son ouvrage avait servi de guide principal aux commissaires chargés, en 1510, de les réunir en un corps de lois.

La province n'était pas régie uniquement par la loi coutumière; une grande partie de son vaste territoire, et principalement les lieux dépendant des fiefs ecclésiastiques, suivait le droit romain, reste précieux de la domination romaine. Les localités régies par le droit romain se trouvaient enclavées dans celles qui étaient soumises à la Coutume, et les deux législations se coudoyaient, pour ainsi dire, sur toutes les parties de la province. La difficulté de discerner les points où s'arrêtait le Droit écrit, et où commençait le Droit coutumier, permettait aux justi-

---

(1) Jean Mazuer, né à Riom, sur la fin du xiv⁰ siècle, a été le premier jurisconsulte de son temps. Son livre intitulé *practica forensis* était cité comme la Loi et la Coutume, avant la rédaction de 1510. Il *fut appelé le grand et ancien praticien* du royaume, *le grand coutumier*. V. Chabrol, Cout. d'Auvergne, tome 4, page 476, et les détails qu'il donne sur la bibliothèque de Mazuer.

ciables de décliner ou d'invoquer l'application de l'une ou de l'autre loi, suivant qu'elle paraissait plus favorable à leurs intérêts; dans beaucoup de lieux, un partie d'un même tènement était régie par le Droit écrit, une autre partie par la Coutume générale, ou par une Coutume particulière et locale. Des portions de la même ville, du même village, soumises à des seigneurs différents, subissaient une loi différente ; dans la petite ville de Cournon, par exemple, chaque maison, chaque pièce de terre était censée être pour moitié en pays de Droit écrit et pour moitié en pays de Coutume. De là, naissaient de singulières différences (1) dans les partages des successions, dans la faculté de tester, dans l'application du droit de prescription, des lois sur les tutelles, et même dans l'état ou la capacité des personnes, parmi les membres d'une même famille; de là encore de véritables bizarreries dans l'ordre et l'exercice des juridictions, relevant du pouvoir de seigneurs différents.

Si l'on ajoute, à ces observations, que la Coutume s'occupait de beaucoup de matières; qu'elle avait, à elle seule, un plus grand nombre d'articles que toutes les autres Coutumes du royaume n'en avaient ensemble; qu'elle avait été rédigée avec une précipitation regrettable, et manquait souvent de clarté; que si la jurisprudence tranchait les

---

(1) Voir notes supplétives.

difficultés à mesure qu'elles se présentaient, les décisions des tribunaux n'étaient pas motivées, et qu'il n'existait encore aucun de ces recueils d'arrêts qui, plus tard, ont tant facilité l'étude du droit, on reconnaîtra qu'il manquait à la magistrature et au barreau un commentaire qui pût leur servir de guide, concilier certaines dispositions qui paraissaient contradictoires, interpréter les textes et dissiper leurs obscurités, déterminer enfin, aussi exactement que possible, quelle législation devait régir chacun des lieux dont la Coutume s'était occupée, et de ceux, en assez grand nombre, à l'égard desquels elle avait gardé le silence; il est évident qu'un travail aussi considérable devait présenter les plus sérieuses difficultés.

L'opinion des hommes les plus compétents avait désigné Basmaison comme le plus à même de le conduire à bonne fin; il fut d'ailleurs excité à l'entreprendre, par les conseils du célèbre Charles Dumoulin (1), son ami de jeunesse; et il fit, presque en même temps, deux ouvrages sur les Coutumes de l'Auvergne; d'abord une paraphrase qu'il appelait

----

(1) Dumoulin. On sait combien fut grande sa réputation de jurisconsulte, et combien ses ouvrages sont encore estimés aujourd'hui. Ses contemporains l'avaient surnommé le Papinien français.

Il avait eu l'idée de faire un Commentaire des Coutumes de l'Auvergne, mais il en fut détourné par ses nombreuses occupations, et se borna à faire, sur les principales difficultés, des notes qui ont été très-appréciées.

prævium opus (ouvrage préparatoire, préliminaire, espèce d'introduction), qu'il écrivit en français, pour le mettre plus à la portée de tout le monde; et en second lieu, un traité beaucoup plus étendu, un véritable commentaire qu'il écrivit en latin. Mais avant de vous faire connaître le sort de ces deux ouvrages, permettez-moi de vous rappeler de graves évènements politiques, qui mirent la France à deux doigts de sa perte, et vinrent porter le plus grand trouble dans l'existence de Basmaison.

Depuis la tenue des États-généraux, la guerre civile n'avait pas discontinué ; la mort du duc d'Anjou avait rendu le roi de Navarre héritier présomptif d'Henri III, qui n'avait pas d'enfants ; mais le duc de Guise (1) qui, sous l'apparence d'un faux zèle pour la religion, songeait à s'emparer de la couronne, s'était fait nommer chef de la Ligue, dont il dirigeait tous les mouvements avec l'approbation de la cour de Rome ; il avait obtenu du Pape (2), une bulle qui excommuniait les deux princes du sang (3) comme hérétiques, et les déclarait indignes du trône. Il

(1) Voir notes supplétives.

(2) Le pape Sixte-Quint, en 1585.

(3) Le roi de Navarre (depuis Henri IV et le prince de Condé). Le roi de Navarre appela, comme d'abus, de cette bulle, au Parlement et au Concile général, et fit afficher son acte d'appel aux portes du Vatican.

s'était lui-même emparé du pouvoir et avait bravé le roi jusque dans son palais, sans que le faible Henri III eût osé s'en défaire ou s'assurer de sa personne. Le lendemain de cette entrevue, célèbre *journée des Barricades* (1), les troupes royales avaient été forcées par les factieux ; le roi, obligé de fuir pendant la nuit, s'était sauvé à Chartres, accompagné d'un petit nombre de gentilshommes fidèles (2) et le duc de Guise, resté maître de la capitale, avait fait partir des courriers, pour porter ses ordres et ses instructions dans toutes les provinces du royaume.

Peu de temps après, le roi avait, de nouveau, convoqué les États-généraux à Blois, dans l'espérance d'avoir raison d'un sujet rebelle ; le duc de Guise s'était présenté aux États, entouré de nombreux gentilshommes, comme d'une garde personnelle, affectant de s'y montrer l'égal de son maître ; cherchant à l'humilier par son luxe, par l'ascendant qu'il exerçait sur la plupart des députés, par des airs de hauteur qui allaient jusqu'à l'insolence.... Et Henri III, poussé à bout par tant d'outrages, convaincu que le duc avait le dessein de lui ôter la couronne et la vie, *ne croyant pas,* d'ailleurs, *pouvoir lui donner des juges, parce*

____

(1) Le 12 mai 1588.

(2) Voir notes supplétives.

qu'il était devenu trop puissant (1), avait pris le parti de le faire assassiner ainsi que le cardinal de Guise, son frère (2), qui prenait part à ses projets et à ses coupables espérances.

Cette mort tragique des princes de Guise avait changé le fanatisme des ligueurs de Paris en une véritable fureur ; les Seize (3) avaient représenté ces deux frères comme des martyrs de la foi catholique ; la Sorbonne avait osé rendre un décret pour délier les Français du serment de fidélité au souverain (4) ; la chaire elle-même avait retenti d'imprécations contre la royauté et de vœux régicides ; des cris de vengeance s'étaient fait entendre ; Henri III était mort, assassiné (5) à son tour par le jacobin Jacques Clément, et le roi de Navarre, devenu roi de France sous le nom de Henri IV, avait à conquérir son royaume par des victoires, et en achetant, à prix d'or et de distinctions, la soumission des principaux chefs de la Ligue et des gouverneurs de provinces.

(1) Heynault, ab. chron.

(2) Louis de Guise, qu'il ne faut pas confondre avec Charles de Guise, son oncle, connu sous le nom de cardinal de Lorraine, et mort en 1574.

(3) Voir notes supplétives

(4) Ce décret fut rendu en 1589.

(5) Le 1ᵉʳ août 1589.

Mais l'esprit séditieux de la capitale s'était répandu sur tout le royaume, et l'Auvergne en était infestée ; quelques-unes de ses villes (1) obéissaient à l'autorité royale ; d'autres, en plus grand nombre, avaient arboré le drapeau de la rébellion ; les seigneurs, moins préoccupés de la question religieuse que de leur fortune et de leur ambition, suivaient aussi des bannières différentes, entretenaient la guerre civile et ruinaient les populations des campagnes.

D'après tous les historiens du temps, le comte de Larochefoucauld-Randan, gouverneur de la Basse-Auvergne, et son frère Evêque de Clermont (2), furent les plus ardents ligueurs de la province ; et cependant, malgré les hautes dignités dont ils étaient revêtus, ils n'avaient pu faire accepter les idées de la Ligue par les habitants de Clermont, restés fidèles à la cause royale, qui, non-seulement avaient énergiquement résisté à leurs séductions et à leurs menaces, mais encore avaient expulsé de la ville les ligueurs en petit nombre qui se trouvaient dans ses murs.

Obligés d'abandonner leur résidence, Randan et son frère avaient convoqué, à Billom, les États provinciaux (3);

(1) V. les mémoires du président de Vernyes.

(2) Jean-Louis et François de Larochefoucauld, fils de Charles, comte de Randan et de Fulvie Pic-de-la-Mirandole qui, dit-on, les avait excités à suivre le parti de la Ligue.

(3) L'assemblée fut tenue le 20 avril 1589.

et là, par de fougueux discours et des prédications imitées de celles de Paris, ils avaient excité les catholiques à la guerre civile, pour le triomphe de la religion en péril, et pour l'extermination des huguenots. Plus tard, ils avaient établi leur quartier général à Riom, dont les habitants, en grande majorité, étaient devenus partisans de la Ligue, depuis les évènements de Blois. C'est de là que le comte de Randau donnait l'impulsion et dirigeait toutes les opérations du parti, ou qu'il faisait exécuter les instructions du duc de Mayenne, que le conseil de l'Union avait déclaré lieutenant-général du royaume.

Basmaison avait assisté comme député aux derniers États de Blois; mais on ne trouve aucune trace de son attitude dans cette assemblée tumultueuse, où il dut faire partie de la minorité.

Il était rentré à Riom, après la dissolution des États, et sa fidélité inébranlable à l'autorité légitime le rendit l'objet de la haine des ligueurs; plus il était élevé en science, en sagesse et en talent, plus l'envie devait lui faire expier chèrement ses succès et sa haute réputation; s'il ne fut point chassé de Riom, il fut au moins obligé de s'en exiler volontairement pour échapper à ses ennemis. Il se retira à Vic-le-Comte, lieu de sa naissance, et, peu de temps après, il adressa à Claude Binet, son ami, lieutenant-général de la sénéchaussée d'Auvergne, comme lui royaliste fidèle, et

qui n'avait pas déserté son poste, une longue lettre écrite
en un latin très-élégant, dans laquelle respire le patriotisme
le plus pur, en même temps qu'une sensibilité vraie, mais
aussi la plus profonde tristesse.

Il s'y plaint d'abord de ce que des bruits iniques, tendant
à flétrir son nom et sa réputation, ont été répandus sur
son compte, et de ce qu'une foule ignorante a dirigé contre
lui, et contre sa famille, les traits de la médisance et de la
calomnie ; il ajoute que telle a été la cause de son éloigne-
ment ainsi que l'état de sa santé, qui paraît entièrement rui-
née depuis le jour où l'Auvergne, autrefois pleine de prudence
et de fidélité à ses rois, semble être tombée dans un état
de démence ; que luttant contre l'adversité, et plus que sexa-
génaire, il a pris le parti de s'exiler pour soigner cette santé
chancelante, pour conjurer les outrages d'une multitude
insensée, pour détourner les effets d'une jalousie qui, dans
ce temps calamiteux , répandait sur lui son venin le plus
actif.

Il se défend avec modestie contre l'injustice qui le per-
sécute, disant qu'il n'a jamais formé d'autres vœux que de
pouvoir contribuer, en quelque chose, au bonheur public,
et être à même de rendre service à ses concitoyens.

Il n'oublie pas combien il doit à la ville de Riom qu'il
appelle *sa nourrice,* et dans le sein de laquelle il voudrait
être, au moment du danger, s'il pouvait suffire à expier

tous les malheurs qui la menacent; il croit d'ailleurs n'avoir
pas été une cause de déshonneur pour cette importante
cité; car, dit-il humblement, « je le demande ! qui m'a
» vu jamais ourdir des trames contre mes concitoyens que
» j'ai toujours uniquement affectionnés ? qui m'a vu ambi-
» tionner ou solliciter des honneurs ? qui m'a vu me souil-
» ler d'une cupidité sordide ? le contraire n'est-il pas
» attesté par la médiocrité de ma fortune qui, cependant,
» suffit à mes besoins? (1)

» Tout ce que j'ai fait pour le pays est assez connu; et
» vous pouvez savoir parfaitement tout ce que j'aurais
» voulu faire, si Dieu m'eût exaucé aux derniers Etats de
» Blois, auxquels vous avez assisté vous-même, et où
» vous avez donné des preuves éclatantes de votre cou-
» rage (2).»

Claude Binet, aidé de quelques autres magistrats, dé-
ployait alors le même courage en Auvergne, et luttait avec
énergie contre les débordements de la multitude, mais il
était en butte à ses outrages; aussi Basmaison se glorifie
de ce que les ennemis qui ont troublé son existence sont

(1) Quis honores ambientem me conspexit?... quis sordidis lucris
maculatum, cum id res domesticæ tenues, mihi tamen satis amplæ,
testentur ?

(2) Il est probable que Binet avait assisté aux Etats, non comme
député, mais comme chef d'un grand Corps de magistrature.

lés mêmes hommes qui s'attaquent à la vertu de Binet;
« mais, dit-il, une plus grande gloire vous attend, vous qui
» êtes plus jeune, plus robuste, plus capable de résolution,
» et que recommandent de plus grands succès dus à la
» science et à l'intégrité; vous pourrez facilement, dans ce
» siècle inique, vous montrer à la hauteur de vos fonctions;
» si vous continuez du même pas que vous avez commencé,
» ainsi donc, ayez bon courage! Quant à moi, pouvant à
» peine résister à ces émotions, je songe à trouver un port
» dans ce pays natal, où il me sera peut-être plus doux de
» mourir au milieu de mes livres, que de vivre à la ville
» avec des loups (1).»

Basmaison termine cette longue épître en confiant à son
ami qu'il travaille assidûment à son commentaire latin sur
la Coutume, entrepris d'après les conseils de Charles Dumoulin; il rappelle que Binet lui-même l'a fortement engagé
à finir cet ouvrage, en accordant ses éloges à ce que l'auteur lui en avait communiqué; il lui annonce enfin que,
dans ses heures de loisir, il met la dernière main à sa
paraphrase française, qu'il s'est décidé à publier à titre
d'introduction.

___

(1) Portum tenere cogitamus in illo nativo solo in quo, ut nasci
honestum fuit, ità cum libris immori dulciùs fortassis erit, quàm vitam
cum urbicis istis lupis agere.

La réponse de Claude Binet, écrite pareillement en latin dans un style non moins élégant que celui de Basmaison, est datée de Riom, le 3 septembre 1589.

Binet se propose dans sa lettre de calmer les terreurs de son ami, et surtout de le décider à revenir à Riom. Il lui apprend d'abord que, depuis son départ, l'émeute s'était introduite jusque dans le temple de la Justice, dont elle avait interrompu le cours. Puis, dans un langage métaphorique et imagé, il le félicite de s'être abrité dans la retraite paisible des Muses, pendant que les mers sont agitées par les orages; de pouvoir se livrer en repos à ses études favorites, et de décrire élégamment, comme sur une table votive, (en payant, du rivage, son tribut à Neptune, dieu des tempêtes), les naufrages publics en même temps que les malheurs privés.

Binet ajoute qu'il ne pouvait lui arriver rien de plus agréable que les lettres de Basmaison, quoiqu'elles semblent présager l'imminence de plus grands malheurs; et à son tour, il lui répondra sur le même sujet; « car, dit-il, » il y a, à s'entretenir des tristes calamités communes, » un certain plaisir qui n'est pas toujours infructueux, en » ce qu'il inspire la constance dans l'adversité, et fait » quelquefois trouver des armes contre elle. »

Il déplore éloquemment les troubles civils, les crimes et les forfaits qui, pendant les douze années précédentes, avaient désolé la France ; il se plaint avec amertume des fureurs et des extravagances de la Ligue, qu'il qualifie de maladie populaire et de peste contagieuse, dont on trouverait à peine quelques lieux qui ne soient pas infestés (1).

« Quant à moi, continue-t-il, j'ai été au-devant du mal
» dès sa naissance, comme mes fonctions m'en faisaient
» nn devoir; j'ai assisté à la chute de la province, mais j'y
» ai assisté vainement et sans pouvoir la prévenir. J'y
» assiste encore maintenant, en butte aux outrages et aux
» menaces, mais toujours en vain, et comme si j'assistais
» à des funérailles; car, sur ce vaisseau de la France, où
» nous sommes tous violemment poussés, et sur lequel
» nous nous agitons, il arrive la même chose qu'aux naviga-
» teurs; nous courons tous un danger; la fuite est rendue
» impossible par la crainte de voir briser le navire; le péril
» menace aussi bien celui qui est à la proue que celui qui
» est à la poupe. C'est, pour tous, la perspective d'un
» naufrage commun.

» Si rien n'y met obstacle, les évènements si rapides
» qui sont survenus annoncent une longue durée de la
» tyrannie populaire et de l'ambition des princes, qui ont

(1) Notum est quàm longè et latè grassata sit efferatissima illa pestilens lues duodecim abhinc annis per omnes Galliæ partes, ità ut vix loca ulla à popularis hujus morbi contage immunia indicare possis.

» à cœur les nouvelles doctrines ; une longue suite de
» meurtres, de destructions, de rapines et le bouleverse-
» ment de l'Etat.

» Sur ce théâtre lamentable, nous ne serons pas de
» simples spectateurs, mais bien des acteurs en scène,
» représentant, non comme dans la fable, Œdipe ou Anti-
» gone, ou les autres noms des malheureux tragiques de
» Thèbes, mais, hélas !... véritablement et trop réellement
» nos propres personnages.»

Cependant Binet pense qu'il ne faut pas tellement s'af-
fliger qu'il n'y ait pas de place pour une toute petite espérance ; grâce aux conseils des hommes honnêtes et pru-
dents, le peuple, qui excite cette fermentation, ramènera la
paix et la tranquillité, lorsque, après avoir jeté son écume,
il sera rendu à lui-même, lorsqu'il aura vu s'évanouir toutes
ses espérances, et qu'il sera enfin lassé de la discorde et du
pillage.

« Mais laissons ces plaintes, dit-il ; les antécédents de
» notre vie écoulée dans la culture des lettres, et notre
» bonne réputation, nous font un rempart contre les efforts
» clandestins de la calomnie ; nous ne faillirons pas à notre
» devoir ; et de même qu'on acquiert plus de gloire dans
» un combat douteux, l'espérance de vaincre n'est pas
» incertaine, lorsqu'on a pour soi la raison ; et cette vic-
» toire sera suffisante si, au prix de ma mort, la chose

» publique est sauvée (1); je vous exhorte donc à prendre
» part à cette lutte, et vous conseille d'autant plus sincère-
» ment de revenir, que, plus expérimenté, vous touchez
» presque au terme. Car notre ville, privée de vous et des
» citoyens qui vous ressemblent, gémit de votre absence;
» ceux-là même, que vos seules vertus ont fait vos ennemis,
» et qui voient avec indifférence les ruines de la patrie
» chancelante, en gémiraient aussi, si la fureur de l'envie
» n'avait tari leurs larmes.»

Enfin, Binet ne souhaite le prompt retour de Basmaison,
qu'autant que sa santé le permettra; il craint que les études
sérieuses auxquelles il se livre, pour terminer ses longs
ouvrages, ne mettent un obstacle à son rétablissement, et il
ne connaît rien, si ce n'est la force d'âme de Basmaison,
qui puisse lui permettre de faire de tels travaux, comme
en se jouant (2).

Probablement, Messieurs, vous trouverez un peu longue
cette analyse des lettres de Basmaison et de Binet; cependant, je l'ai abrégée de plus de moitié; mais ce que je
vous en ai fait connaître m'a paru indispensable, parce que

____

(1) Sat victoria erit si, me pereunte, respublica est salva. Exhortor
te ad hoc certamen, et suadeo bonâ fide ut redeas, etc.

(2) Les deux lettres latines de Basmaison et Binet se trouvent à la
fin de la Coutume d'Auvergne de Consul, édition de 1667.

ces deux lettres peignent parfaitement une situation, et surtout pour vous montrer à nu l'état d'esprit et la manière d'envisager les évènements de ces deux sages, dont l'un, bon et timide vieillard, affaibli par les souffrances physiques, semble demander pardon de n'avoir fait de mal à personne, et parle avec tant d'humilité des services qu'il a rendus dans une longue et illustre carrière; qui se croit désormais impuissant à opposer la moindre résistance à ses ennemis, n'a plus d'autre désir que de vivre loin du bruit de la ville, au milieu de ses livres; de consacrer ses derniers jours aux chères études qui ont fait l'occupation de toute sa vie, et de mourir dans le lieu qui l'a vu naître; l'autre, plus jeune, d'un plus grand caractère, doué du vrai courage civil, jugeant avec sang-froid la gravité des circonstances, et connaissant tous les périls qui l'environnent; mais profondément pénétré du sentiment du devoir; sachant que sa haute dignité lui impose l'obligation d'être constamment sur la brèche ; bien décidé à tenir tête aux factieux, dût-il y perdre la vie ; prêt à mourir, si sa mort est nécessaire au salut de son pays; Binet, enfin, qui nous apparaît comme l'homme fort dont parle Horace, *quem si fractus illabatur orbis impavidum ferient ruinæ* (1), et dont la conduite courageuse, pendant les troubles de la

---

(1) Horace, livre III, ode III, *ad Augustum.*

Ligue, fut toujours à la hauteur des nobles sentiments qu'il avait exprimés à Basmaison.

Ajoutons que ces deux lettres si bien écrites, si pleines d'atticisme et d'urbanité, présentent l'admirable tableau d'une rare conformité dans les opinions, les mœurs, les études et les goûts littéraires, les craintes, les vœux et les espérances des deux amis. Ils ont puisé la sagesse aux meilleures sources du droit et de la morale; ils sont royalistes et sujets fidèles, quoique le roi appartienne au culte protestant; ils aiment la religion catholique qui enseigne la tolérance et la charité, mais ils s'élèvent avec énergie contre les doctrines nouvelles, contre cette religion dont les ministres, aussi imprudents que fanatiques, prêchent ouvertement l'assassinat du roi et veulent délier les Français du serment de fidélité. Ils épanchent dans le sein l'un de l'autre leurs doléances sur les malheurs publics; mais les confidences si intimes qu'ils échangent ne sont que pour eux seuls; il n'est certainement pas dans leur pensée que ces lettres soient livrées à la publicité; aussi, de même qu'ils s'écrivent en latin de peur, sans doute, d'être compromis, si leur correspondance était interceptée par les Ligueurs, de même ils ont la précaution de ne parler que d'une manière générale des tristes évènements qui les préoccupent, et se gardent bien de nommer aucun de ceux qui dirigent alors, dans Riom, le mouvement populaire, et qu'ils considèrent comme leurs ennemis.

Ne croyez pas, cependant, Messieurs, que le trouble de leur imagination leur ait fait exagérer les maux dont ils se plaignent ; leurs lamentations n'étaient que trop fondées sur des causes réelles, des actes de barbarie, des attentats odieux contre les personnes et les propriétés.

Chabrol nous apprend que « des factieux de la lie du
» peuple avaient eu l'audace de s'emparer du pouvoir
» dans la ville de Riom, avaient tenu des assemblées,
» prononcé des proscriptions, ordonné des emprisonne-
» ments et des pillages ; qu'ils avaient chassé juridique-
» ment les principaux citoyens, tels que Dubourg, lieu-
» tenant-criminel ; De Murat, Sirmond, Charrier et Cha-
» bannes, conseillers ; Régin, trésorier de France et sa
» famille entière ; Decombe, avocat du roi ; De Cambrai,
» Charrier, Mosnier, Dallemagne, Mangot, Duclaux, avo-
» cats ; le père gardien des Cordeliers et une infinité d'au-
» tres ; que la maison de Moreau, trésorier de France, et
» celle de Jean Decombe avaient été pillées ; que plusieurs
» comme le célèbre Basmaison, s'étaient expatriés ; que
» Jean de Rodde, avocat, qui fut de ce nombre, ayant
» donné asyle à quatre ou cinq de ses confrères dans sa
» maison de campagne, y avait été enlevé, ainsi qu'eux,
» et emprisonné ; que le comte de Tournon, sénéchal d'Au-

» vergne, avait été véxé, ainsi que d'autres habitants fidè-
» les à leur devoir, qui ne s'étaient pas retirés, et parta-
» gèrent avec Claude Binet, lieutenant-général, le danger
» de rester dans une ville où la dernière classe du peuple
» gouvernait, les armes à la main (1).»

Ne trouvez-vous pas maintenant, Messieurs, que Binet avait usé de beaucoup de modération, lorsqu'il écrivait à son ami que l'émeute populaire avait interrompu le cours de la justice?... La Justice pouvait-elle rendre ses oracles, alors que son temple était souillé par les factieux, et que ses principaux ministres, frappés d'ostracisme, en étaient chassés ?

Cependant l'orage s'était un peu calmé; Henri IV avait remporté, le 15 mars 1590, la grande victoire d'Ivry sur le duc de Mayenne et, le même jour, par une heureuse coïncidence, à la bataille de Cros-Rolland, près Issoire, les royalistes commandés par le marquis de Curton (2), et par le comte de Rastignac (3), gouverneur de la Haute-

(1) Voir notes supplétives.

(2) François de Chabannes, marquis de Curton, fils de Joachim et de Françoise de Larochefoucauld, marquis de Curton, seigneur de Curton et de Rochefort, capitaine de cinquante hommes d'armes, et chevalier des ordres du roi. — Il était, par sa femme, cousin du comte de Randan; mais il n'était pas rare, pendant les guerres civiles, de voir les membres d'une même famille dans des camps opposés, des frères contre des frères, des pères contre leurs enfants.

(3) Voir notes supplétives.

Auvergne, avaient battu et anéanti les troupes de la Ligue, ayant à leur tête le comte de Randan, qui y avait perdu la vie. Dès ce moment, la Ligue n'avait plus eu de chef en Auvergne; les gentilshommes qui avaient suivi sa bannière s'étaient retirés dans leurs châteaux, et si les haines ne furent pas éteintes, au moins les populations purent respirer plus à l'aise.

Il fut donc permis aux exilés de Riom, de rentrer dans la ville, et Basmaison dut y revenir pour se féliciter, avec Binet, de ce nouvel état des choses; mais il ne paraît pas qu'il eût alors l'intention d'y fixer son séjour.

Par des lettres-patentes du 24 avril 1589, Henri III, irrité de la rébellion de la ville de Riom, avait supprimé tous les tribunaux, qui y étaient établis depuis les temps les plus reculés, pour en doter la ville de Clermont; et soit que Basmaison, sur la fin d'une longue carrière, sentit le besoin du repos, soit qu'il voulut fuir des concitoyens dont il avait eu si peu à se louer, ou qu'il voulut donner de nouvelles preuves de son dévouement au roi et à la chose publique, il sollicita la place de lieutenant-général du présidial qui devait être établi à Clermont.

Il s'était adressé à des amis puissants, pour se faire recommander au prince, et n'avait pas manqué de faire part de ses démarches à son vieil ami, Etienne Pasquier, qui lui-même, après de nombreux services rendus à la cause royale, avait une certaine influence. Mais Pasquier n'approuva point cette vélléité d'ambition, et dans une longue épître, fort spirituelle et empreinte d'une grâce naïve, il s'efforça de persuader à Basmaison d'y renoncer.

Il lui vante, d'abord, l'indépendance de la profession d'avocat, et le blâme *de vouloir quitter cette belle qualité pour entrer sous un joug de servitude de juge*; il le flatte sur le rang qu'il occupe au barreau depuis plus de trente ans, sur l'estime et la considération dont il est entouré ; et ne conçoit pas que, maintenant qu'il est avancé en âge, il puisse ambitionner une place de lieutenant de province.

« Estant advocat du commun, lui dit-il, vostre fortune
» despend de vous et de vostre fonds; estant appelé à cest
» estat, vous despendrez désormais des grands qui le vous
» auront octroyé ; et si ne satisfaictes à leurs opinions,
» vous perdrez à un instant toutes leurs bonnes grâces,
» ainsi que nous voyons un estourbillon estre enlevé par
» le vent.»

Pasquier ajoute toutefois que, pour le contenter, il a parlé à ceux qu'il croyait pouvoir agir dans ses intérêts ; il le prie enfin de prendre ces observations de son ancien ami, « comme fait le malade une médecine qui lui est amère en
» la prenant, mais en après produit de beaux effets de
» guérison. » Du reste, Pasquier ne veut pas être seule-

ment son médecin ; « mais encore, passant plus oultre, il
» fera ici l'astrologue ; car, voyant que la chose tire en
» longueur, il prognostique que l'on trouvera tant d'obs-
» curités en cest establissement du siége présidial de Cler-
» mont, que ceux qui en ont esté les premiers autheurs et
» promoteurs, trouveront à la longue plus expédient de
» laisser, comme on dit, le moustier où il estait (1).»

Cette prophétie d'Etienne Pasquier devait bientôt se
réaliser ; Henri IV avait trop de prudence pour réduire au
désespoir une ville aussi importante que Riom, en la pri-
vant des tribunaux qui lui donnaient tout son lustre; aussi
ce bon prince laissa sans exécution les lettres-patentes de
son prédécesseur et, lorsqu'en mai 1594, le courageux
Binet, accompagné des consuls de la ville, vint lui porter
l'acte de soumission des habitants et leur serment de fidélité, il s'empressa de révoquer par un édit les lettres pa-
tentes de 1589, et la ville de Riom conserva définitivement
tous ses établissements judiciaires, son bureau des finances
et son hôtel des monnaies (2).

Basmaison, déçu de ses espérances, dut se trouver heureux de voir ses projets d'ambition s'évanouir comme *un*

(1) Cette lettre et la précédente que nous avons citée plus haut se
trouvent dans les œuvres de Pasquier, édition d'Amsterdam, in-folio,
tome II, pages 22 et 182.

(2) V. Chabrol, Coutume d'Auvergne, art. *Riom.*

estourbillon. Il est assez piquant, néanmoins, que Pasquier, cet illustre avocat du Parlement de Paris, qui ne trouvait rien de si beau que l'indépendance de sa profession, n'eût pas craint d'accepter, et peut-être de solliciter, d'abord une place de conseiller au Parlement, et ensuite une place d'avocat-général à la Chambre des comptes, pour la résigner à l'un de ses fils; mais il est possible que ses conseils à Basmaison fussent inspirés par le regret d'avoir renoncé au barreau.

Basmaison publia, en 1590, sa paraphrase de la Coutume, et cet ouvrage répondit à la réputation de son auteur; il eut rapidement deux autres éditions, et dans une quatrième, que Consul fit paraître en 1667, avec ses annotations personnelles, ce jurisconsulte rendit la plus entière justice au mérite de l'ouvrage, en constatant le succès qu'il avait obtenu.

« Il était juste, dit-il, que celui que la province d'Au-
» vergne avait tant de fois choisi pour défendre ses intérêts
» auprès du roi, employât le peu de loisirs, que les affaires
» de sa profession lui faisaient, à expliquer les lois de la
» même province; il était raisonnable que celui qui savait,
» mieux que tout autre, leur véritable sens, en laissât l'ex-
» plication à ceux qui viendraient après lui; et c'est ce
» qu'il a fait si heureusement que son sentiment fait pres-
» que la décision de toutes les plus importantes difficultés

» qui se rencontrent en l'interprétation des articles de la
» coutume.»

Ajoutons que Chabrol qui écrivait en 1784, quoiqu'il
reconnût que le commentaire d'Ignace Prohet, publié en
1695, était le fruit d'une grande expérience et d'une longue
étude, n'en disait pas moins : « La paraphrase de Bas-
» maison est encore aujourd'hui le principal secours que
» l'on ait pour entendre la Coutume d'Auvergne. »

Ainsi, Messieurs, pendant près de deux siècles, le livre
de Basmaison a servi de guide aux magistrats et aux jurisconsultes; c'est là qu'ils sont venus chercher la lumière
et les connaissances indispensables pour interpréter et
appliquer les textes du droit civil de la province.

A partir de la publication de la paraphrase, nous ne
trouvons, dans les rares documents historiques relatifs à
Basmaison, absolument rien qui nous fasse connaître quels
furent ses derniers travaux ; rien, qu'une courte notice
insérée dans le dictionnaire de Moréri, qui nous apprend
qu'il mourut en 1600, sur la fin du xvie siècle. Nous
devons croire cependant que, fidèle à la règle de toute sa
vie, il consacra les loisirs de sa vieillesse à la culture des
lettres, et à son commentaire latin de la Coutume. Ce qu'il
y a de certain, c'est qu'il n'eut pas le temps de terminer
ce grand ouvrage, ou que, s'il l'avait terminé, son manuscrit ne fut pas retrouvé après sa mort ; et tous les auteurs

qui ont écrit sur la Coutume en ont successivement déploré la perte, en exprimant l'opinion, qu'à en juger par la paraphrase et par le grand mérite de l'auteur, ce devait être une œuvre capitale.

Mais ce commentaire auquel Basmaison avait consacré tant de veilles, sans en faire profiter ses contemporains, il était réservé à l'un de ses descendants de le faire dans des conditions plus avantageuses; et ici, Messieurs, vous me pardonnerez, je l'espère, de vous dire quelques mots sur la glorieuse postérité de Basmaison.

De son mariage avec Antoinette Sirmond (sœur du savant jésuite Jacques Sirmond), il avait eu plusieurs filles et un fils, nommé Amable, qu'il avait envoyé à Paris pour y compléter son éducation. Ce fils l'avait mécontenté parce que, malgré son père, il voulait suivre la carrière des armes, mais bientôt les sages conseils d'Etienne Pasquier (1) l'avaient ramené à l'obéissance. Amable de Basmaison fut dans la suite receveur des consignations et contrôleur des finances à Riom; il épousa Catherine de Murat, petite-fille d'une Arnauld, et sœur d'Antoine de Murat, conseiller d'Etat et lieutenant-général de la sénéchaussée.

____

(1) Voir la lettre de Pasquier à Basmaison, à cet égard; œuvres de Pasquier, tome II, page 191, mais, non plus que les précédentes, elle n'est pas datée.

De cette union naquit Jeanne de Basmaison, qui fut mariée à Jacques Chabrol, célèbre avocat, dont elle eut un fils du même prénom de Jacques.

Jacques Chabrol II fut avocat du roi au présidial de Riom et vieillit avec honneur dans les fonctions de la magistrature. Il fut connu et estimé des principaux magistrats et des premiers avocats du parlement de Paris ; il fut aussi particulièrement connu du chancelier d'Aguesseau, qui le regardait comme l'un des plus savants hommes du royaume, surtout dans la connaissance des lois romaines. Il mourut en 1732, dit un écrivain, après avoir fait revivre en lui la science et les vertus de Jean de Basmaison, son bisaïeul.

Jacques Chabrol II eut deux fils, dont l'un lui succéda dans les fonctions d'avocat du roi ; et l'autre, Guillaume-Michel Chabrol, né à Riom le 4 septembre 1714 (1), fut le dernier commentateur de la Coutume.

Guillaume-Michel Chabrol, appelé naturellement à suivre la même carrière que ses ancêtres, y fut porté d'ailleurs par une véritable vocation. Après avoir longtemps figuré au

______

(1) Il eut pour parrain messire Guillaume-Michel de Montboissier-Beaufort-Canillac, marquis de Pont-du-Château, sénéchal du présidial de Clermont, et pour marraine madame Marie-Louise de la Seauve, épouse de Joseph de la Vilatelle, baron de Gouttières et de Saint-Julien *(V. registre de l'état civil de Riom).*

premier rang des avocats de la sénéchaussée, et s'être fait particulièrement remarquer par de savantes consultations, il composa le commentaire de la Coutume le plus complet que l'on pût désirer, « pour satisfaire, dit-il, à une espèce ». d'engagement d'un père qui avait été souvent invité à » entreprendre le même ouvrage.»

Chabrol, trouvant la voie toute tracée, suivit les sentiers ouverts par Basmaison, son trisaïeul maternel, dont il invoque presque toujours et fortifie souvent les opinions ; de plus, il sut mettre à profit les monuments de la jurisprudence, ainsi que les œuvres de Domat, Pothier, Furgole et tant d'autres qui, depuis Basmaison, avaient reculé les limites de la science du droit ; et, sur les Coutumes générales, il fit un livre plein d'érudition, qui contient sur chaque matière des Successions, des Donations et Testaments, de la Dot et du Régime dotal, des Forclusions, des Servitudes et de la Prescription, autant de traités *ex professo,* dans lesquels les questions les plus ardues sont toujours éclairées par le flambeau de la raison et résolues avec la plus grande netteté.

Mais Chabrol porta ses vues beaucoup plus loin que Basmaison ; en s'occupant des Coutumes locales de l'Auvergne, il voulut être l'historien de son pays.

Chercheur infatigable, il avait fouillé les vieilles chroniques des premiers temps de la monarchie et les auteurs latins qui ont parlé de l'Auvergne et de ses habitants ; il avait compulsé les archives des villes, des églises et de leurs chapitres, des grandes communautés religieuses et des abbayes de la province, dont quelques-unes furent si célèbres ; il avait interrogé les chartres et les terriers des grandes seigneuries ; les délibérations des assemblées municipales et des Etats provinciaux ; les édits et les ordonnances qui réglaient la police intérieure et le jeu des institutions communales des localités les plus importantes, ainsi que leur priviléges et leurs immunités.... Et quand il eut dérobé les secrets enfouis dans ces précieux dépôts, il écrivit l'histoire de nos villes, en remontant à leurs origines ; fit connaître les établissements qui ont signalé leur importance, et donna une biographie sommaire des hommes célèbres qu'elles ont vu naître. Il écrivit l'histoire des châteaux de la féodalité et des siéges qu'ils ont soutenus aux époques de guerre civile, alors que les barons guerroyaient entr'eux ou que, sujets rebelles, ils obligeaient nos rois à les soumettre. Enfin, toujours guidé par un esprit de critique judicieuse, il porta ses patientes investigations jusque dans les titres particuliers des grandes familles de l'Auvergne, dont il fit la généalogie, et indiqua les ramifications ; il y trouva de puissants auxiliaires pour mettre en relief des faits importants jusqu'alors ignorés, fixer des dates restées incertaines, relever des erreurs échappées aux écrivains qui l'avaient devancé, en un mot rétablir la vérité historique. Cette partie de l'œuvre de Chabrol, qui révèle un immense travail de recherches et de coordination, devait avoir le plus légitime succès et placer notre savant annaliste, sur la même ligne que Baluze et le père Anselme (1).

Depuis que les Coutumes ont disparu pour faire place au Code Napoléon, le commentaire de Chabrol, déjà moins nécessaire, n'est plus consulté que rarement, et par un petit nombre de magistrats et de jurisconsultes désireux de connaître le dernier mot de la science sur les questions les plus importantes de l'ancien droit; mais le volume consacré aux Coutumes locales, sera toujours très-utile à ceux qui seront curieux de connaître l'histoire de l'Auvergne; c'est là qu'ils trouveront soigneusement indiquées les sources où il faut puiser pour la bien apprendre; c'est là que les représentants des principales familles trouveront retracées leurs origines, et les places que leurs ancêtres ont occupées, le rôle qu'ils ont joué dans les affaires de la province ou de l'Etat, les alliances qu'ils ont contractées.

(1) Personne n'ignore, en Auvergne, combien les petits-fils de Chabrol, le commentateur, ont été dignes de leur illustre aïeul, par leurs vertus. leurs talents, et les services glorieux qu'ils ont rendus au pays; M. le comte de Crouzol, comme gouverneur des provinces illyriennes, ministre de la marine, puis des finances et pair de France; M. le comte de Volvic, comme préfet de Savone et ensuite de la Seine; MM. les comtes de Volvic et de Tournoëlle, comme députés du Puy-de-Dôme. — V. Château-Dubreuil, *précis des guerres religieuses,* et la biographie de Michaud.

J'ai cru, Messieurs, que cette digression m'était imposée par les convenances et que je ne pouvais vous entretenir de Basmaison, sans vous rappeler son arrière petit-fils qui l'a si heureusement complété. Je n'abuserai pas plus long-temps de votre attention.

En vous offrant cette faible esquisse, j'ai cherché à vous la montrer dans le cadre qui m'a paru le mieux lui convenir.

Basmaison vécut dans un temps d'activité studieuse, mais tourmenté par des disputes de religion et par des guerres civiles. S'il se trouva quelquefois mêlé aux plus graves évènements politiques, il donna néanmoins la plus grande partie de son existence à l'étude du droit et à la littérature, ou aux luttes paisibles du Barreau; il ne fut pas moins remarquable par ses vertus, que par son érudition et son éloquence; sa vie s'écoula sous six règnes diffé-rents (1). Il fut l'émule et le contemporain des plus grands jurisconsultes de son époque, Cujas, Dumoulin, Etienne Pasquier, Imbert, Pierre Pithou, Antoine Loysel (2) et au·

____

(1) François Ier. — Henri II. — François II. — Charles IX. — Henri III et Henri IV.

(2) Pithou est l'auteur du livre des libertés de l'église gallicane; Loysel, auteur des institutions coutumières et du fameux dialogue des avocats. — En 1594, Pithou et Loysel furent chargés de déchirer, des registres du Parlement, tout ce qui y avait été écrit d'injurieux contre la mémoire de Henri III et contre Henri IV.

tres que l'on pourrait nommer, et fut lié avec plusieurs
d'entre eux d'une amitié qui ne se démentit jamais ; il fut
dans une certaine mesure le législateur de son pays, car il
fut le premier interprète sérieux du droit civil de l'Auvergne, et ses opinions ont fait autorité pendant près de deux
siècles.

Une fiction de l'antiquité nous dit que Saturne dévorait
ses enfants. Qu'est-ce que Saturne ? c'est le temps qui détruit tout, hommes et choses ; c'est l'oubli. Les évènements
nouveaux font perdre de vue les fais mémorables des siècles passés ; les célébrités nouvelles font négliger les anciennes. C'est ainsi que le flot du fleuve chasse le flot qui
l'a précédé, pour le précipiter dans la mer et s'y précipiter
après lui.

Combien de noms qui ont illustré notre beau pays sont
aujourd'hui presque ignorés, ou à peine connus d'un petit
nombre ! et n'est-ce pas une excellente idée que de rappeler
leurs titres à notre admiration ?

Déjà, Messieurs, plusieurs ont été remis en lumière par
des membres de cette Société (1), dont les œuvres pleines
de sève et de fraîcheur ont mérité toutes vos sympathies.

______

(1) MM. Tailhand ; Rigodon, curé de la cathédrale de Clermont ;
Gomot ; Eugène Tallon ; A. Grellet-Dumazeau et autres.

Répondant à mon tour à l'appel de notre honorable directeur (1), j'ai voulu aussi apporter mon grain de sable à l'édifice dont, chaque jour, il se montre de plus en plus l'habile architecte; j'ai voulu faire acte de bonne volonté. Cette étude était digne, sans doute, d'exercer un talent plus jeune et plus habile, et peut-être *ausus juvenum tentare laborem* (2), n'aurai-je été que téméraire ; mais j'ai beaucoup compté sur votre indulgence, et je m'estimerai heureux, si vous ne regrettez pas trop les instants que vous m'avez accordés.

NOTES SUPPLÉTIVES

NOTE 1 de la page 6.

Avant qu'on eût découvert, au xie siècle, l'art de faire le papier, on était obligé d'écrire tous les livres sur du parchemin, et comme il était d'un grand prix, les livres devinrent très-rares et très-chers. On peut juger de la difficulté de trouver des matériaux pour écrire, par ce fait: « il reste » encore, dit Muratori (antiq. ital., vol. iii, page 833), plu- » sieurs manuscrits des viiie et ixe siècles écrits sur des

(1) M. Mandet, conseiller.
(2) Virgile, *Enéide*, livre v.

» parchemins, d'où l'on avait fait disparaître l'ancienne
» écriture pour en substituer une nouvelle. Il est probable
» que c'est de cette manière que plusieurs ouvrages des an-
» ciens se sont perdus. On raturait un livre de Tite-Live ou
» de Tacite, pour le remplacer par une légende de saints ou
» par les prières d'un missel.

» Le prix des livres devint si excessif que la comtesse
» d'Anjou, pour un exemplaire des homélies d'Haimon,
» évêque d'Alberstadt, donna deux cents moutons, cinq
» quartiers de froment et la même quantité de seigle et de
» millet. — Lorsque Louis XI, en 1471, emprunta, de la
» Faculté de médecine de Paris, les ouvrages de Rasès,
» médecin arabe, non-seulement il déposa comme gage une
» quantité considérable de vaisselle, mais encore il fut obligé
» de nommer un seigneur pour lui servir de caution, dans
» l'acte par lequel il s'engageait à rendre ce livre à la Faculté.»

Il n'est donc pas étonnant que pendant les temps de l'a-
narchie féodale, et jusqu'au xiie siècle, les hommes, sauf de
rares exceptions, aient vécu dans la plus profonde ignorance.

« Les personnages du plus haut rang, nous dit Robertson,
» ne savaient ni lire ni écrire. Beaucoup d'ecclésiastiques
» n'entendaient pas le bréviaire qu'ils étaient obligés de
» réciter tous les jours, et quelques-uns n'étaient même pas
» en état de le lire... Un écrivain de ces siècles de ténèbres
» attaque, d'une manière plaisante, l'ignorance du clergé,
» mais on ne peut pas traduire ses paroles : Potiùs dediti
» gulæ quàm glossæ; potiùs colligunt libras quàm libros ;
» libentiùs intuentur Martham quàm Marcum ; malunt
» legere in salmone quàm il salomone (Alan, de re prœd.).
» On peut attribuer, en grande partie, la cause de cette igno-
» rance universelle à la rareté des livres et à la difficulté de
» les rendre plus communs. (Voir Robertson, *Histoire de
» Charles-Quint*, Introduction) lire les curieux détails qu'il
» donne sur l'état des lettres à cette époque). »

Il n'en est pas moins vrai que, depuis ces temps d'ignorance, les ordres religieux, et surtout les Bénédictins, ont rendu les plus grands services à la civilisation et nous ont conservé un grand nombre d'ouvrages de l'antiquité, après en avoir soigneusement corrigé et épuré les textes.

NOTE 3 de la page 7.

Le xvie siècle a produit des hommes très-remarquables dans toutes les branches des connaissances humaines, et le nombre en est prodigieux. On peut en voir la nomenclature dans l'abrégé chronologique du président Hénault. Contentons-nous de citer parmi les magistrats, légistes ou jurisconsultes, les chanceliers Duprat, Antoine Dubourg, Olivier, Michel de l'Hospital, Cujas, Tiraqueau, Rebuffe, Charles Dumoulin, Guy Coquille, le premier-président Achille de Harlay, Etienne Pasquier, Pierre Pithou, Faye d'Espeisses et Barnabé Brisson.

NOTE 1 de la page 12.

Etienne Pasquier, né à Paris en 1528, mourut le 16 août 1615, à 87 ans.

Il fut l'un des avocats les plus célèbres du Parlement de Paris et l'un des plus savants hommes de son temps Il plaida longtemps avec le plus grand succès; il était presque toujours chargé des plus belles causes, et soutint notamment le procès de l'Université contre les Jésuites. Il était consulté comme un oracle (Moréri, art. Pasquier).

Outre ses ouvrages sérieux, tels que son livre des *Recherches de la France* publié en 1560 (l'auteur n'ayant alors que 32 ans), Pasquier a fait des épigrammes, des épitaphes, des jeux d'esprit, une correspondance très-intéressante, où il s'explique sur les principaux évènements politiques dont il fut le témoin ou le contemporain.

Il a fait encore un *Colloque d'amour,* des lettres amoureuses et un grand nombre de poésies légères françaises et latines, parmi lesquelles on remarque un petit poème intitulé : *La puce des grands jours de Poitiers* (présidés, en 1579, par le premier président Achille de Harlay).

Cet opuscule, véritable débauche d'esprit, fut louangé et imité par plusieurs doctes personnages que les grands jours avaient attirés à Poitiers, et donna lieu à une espèce de tournoi poétique auquel prirent part (en vers français ou latins, et quelques-uns en l'une et l'autre langue) Barnabé Brisson, Turnèbe, René Choppin, Jules Scaliger, Antoine Loysel, Pierre Pithou, Claude Binet, alors avocat au Parlement de Paris, le président Soulfour et autres. A tous ces vers, Nicolas Rapin fit une réponse dans une pièce intitulée la *contre puce*, où il vante les vertus et les qualités d'autres insectes, moins gracieux que la puce, et qu'il n'est pas permis de nommer. Enfin Pasquier fit une collection de toutes ces pièces de vers, et les fit imprimer avec ses autres ouvrages.

Voilà comment ces hommes graves, la plupart magistra's ou jurisconsult s, employaient leurs loisirs aux grands jours de Poitiers; et cependant, ces poésies dans l squelles les entreprises d'une puce téméraire *sur le beau corps de la belle Desroches* sont parsemées de peintures et de détails où l'extrême licence n'a plus qu'un pas à franchir pour arriver à l'obscénité, ne semblaient pas même alors offenser les mœurs. Ces personnages, presque tous restés célèbres par de profonds écrits, étaient, depuis leur enfance, en communication familière avec Horace, Ovide, Pétrone, Tibulle, Catulle et autres auteurs latins, dont ils imitaient les poésies lascives et érotiques; dans la franchise de leur caractère gaulois, ils ne voyaient pas de mal à faire ce qu'avaient fait les Romains et à appeler les choses par leur nom; enfin, ils s'empressaient d'adresser leurs poésies aux dames du plus haut rang, dont quelques-unes ne dédaignaient pas d'y répondre avec la même liberté de langage. Du reste, il s'en faut de beaucoup que Pasquier et ses amis aient été aussi loin, dans cette voie, que Montaigne et Rabelais.

C'était le temps de la *gaie science*, et cet état de choses a duré presque jusqu'à celui du sévère Boileau qui, après avoir donné un coup de sa férule au poète Regnier, et protestant au nom de la décence contre le mauvais goût, fit entendre ces paroles :

> Le latin, dans les mots, brave l'honnêteté ;
> Mais le lecteur français veut être respecté.

La censure, de son côté, mit obstacle à ce que les œuvres par trop licencieuses fussent publiées avec privilége du roi, et lorsque nous comparons les livres du xvie siècle avec notre littérature actuelle, il faut dire plus que jamais : autre temps, autres mœurs.

Pasquier fit des vers jusque dans l'âge le plus avancé, notamment sa propre épitaphe, en vers latins et en vers français, à plus de quatre-vingts ans. Il termine ainsi celle qui est en français :

> Octante ans j'ay passez : Ores je me repose
> Fort de corps, fort d'esprit : mais là ! c'est peu de chose
> Tout cela, si, toi Dieu miséricordieux,
> Tu ne loges, ô Seigneur, ma pauvre âme en tes cieux.

(Voir *Œuvres de Pasquier*, édition d'Amsterdam, 1723, p. 950 à 995).

NOTE 1 de la page 24.

Voyez Chabrol, art. *Cournon*, et les exemples qu'il donne sur la différence que l'application des deux droits produisait à Cournon.

Une même succession appartenait pour moitié au parent le plus proche, suivant le droit écrit ; et, pour l'autre moitié, au parent de l'estoc paternel ou maternel, d'après la Coutume, suivant la maxime : *paterna paternis, materna maternis*.

Un testateur pouvait disposer de la moitié de ses biens, réputés en droit écrit, et du quart, seulement, de l'autre moitié réputée en pays de Coutume.

Les arrérages de cens se prescrivaient, pour moitié, par trois ans ; et, pour l'autre moitié, par trente ans.

Celui qui avait acquis un immeuble d'un individu qui n'en était pas propriétaire, pouvait, avec titre et bonne foi, en prescrire la moitié, par une possession de dix ans, contre le véritable propriétaire, suivant le droit écrit ; et il ne pouvait prescrire l'autre moitié que par une possession de trente ans, d'après la Coutume.

La personne étant indivisible, cette double législation établissait une absurde différence entre les membres d'une même famille. Dans l'origine, la ville de Cournon et son territoire étaient soumis à trois seigneurs : deux laïques, dont les portions régies par la coutume; et l'Évêque de Clermont, dont la portion régie par le droit écrit ; plus tard, il n'y avait plus que deux seigneurs, l'Évêque de Clermont et un seigneur laïque, qui avait réuni la justice du roi à la sienne ; la justice s'exerça, alternativement et de mois en mois, par les officiers du seigneur laïque et ceux du seigneur qui représentait l'Évêque. Le mois de janvier appartint aux premiers, le mois de février aux autres, et ainsi pendant le reste de l'année ; enfin, dès longtemps avant 1784, il n'y avait plus qu'un seul seigneur, qui avait réuni tous les droits des trois seigneurs primitifs, sans que pour cela on fût arrivé à soumettre les justiciables à une législation uniforme. Les officiers de l'unique seigneur jugeaient les affaires présentées dans les mois impairs (ceux de coutume), à la charge de l'appel à Riom, et, dans les autres mois (ceux de droit écrit), l'appel était porté à Clermont.

Or, en droit écrit, la tutelle finissait à l'âge de puberté, et en coutume elle durait jusqu'à vingt-cinq ans ; d'où il suit que si le mineur parvenait à la puberté sous un mois de

coutume, il devait rester en tutelle ; et que, si la puberté sur-
venait dans un mois de droit écrit, il était émancipé ; que
lorsqu'un père laissait deux enfants, si l'aîné arrivait à la
puberté sous un mois pair, il devait rester en tutelle jusqu'à
l'âge de vingt-cinq ans, et le plus jeune, arrivant à la puberté
sous un mois impair, pouvait être hors de tutelle onze ans
avant son aîné.

A Courpière, il y avait eu aussi deux seigneurs, l'Évêque
de Clermont et la Prieure des religieuses de l'ordre de Saint-
Benoît ; et là, à la différence de Cournon où il n'y avait pas
de division de territoire, les parties de la ville et de ses dépen-
dances, soumises à chacun des deux seigneurs, étaient dé-
terminées. La portion de l'Évêque était régie par le droit
écrit, et celle de la Prieure par la coutume. La justice de l'É-
vêque avait le titre de baillage et ressortissait à Clermont ;
et la justice des religieuses, celui de châtellenie, et ressortissait à Riom. Plus tard, l'évêque céda ses droits à la Prieure
et, quoique les deux seigneuries eussent été réunies entre les
mains d'une seule personne, le droit qui régissait les deux
portions de cette unique seigneurie avait continué d'être dif-
férent. Le juge unique était tout à fois bailli et simple juge
châtelain ; les appels de ses décisions étaient portés à deux
juridictions supérieures différentes.

NOTE 1 de la page 26.

Henri de Lorraine, duc de Guise, dit le Balafré, né en
1550, mort en 1588. Il était fils de François de Guise qui fut
si puissant sous le règne de Henri II, força Charles-Quint à
lever le siége de Metz, et en 1555 il reprit la ville et le port
de Calais sur les Anglais qui en avaient la possession depuis
l'année 1347. Ce haut fait accompli, les Anglais furent entièrement chassés de la France. — François de Guise fut
assassiné par Poltrot au siége d'Orléans, en 1553.

Voir une notice biographique remarquable sur Henri de Guise, par M. Mérimée (Plutarque français).

NOTE 2 de la page 27.

Après la journée des barricades, Achille de Harlay, premier président, était resté à Paris, et le duc de Guise, espérant peut-être son approbation et son concours, alla le visiter. Harlay, qui se promenait dans son jardin, ne daigna même pas tourner la tête et continua tranquillement sa promenade; quand il fut au bout de son allée, il se retourna, et, voyant voyant le duc s'avancer vers lui, il s'écria : « C'est grand » pitié quand le valet chasse le maître ; au reste, mon âme » est à Dieu, mon cœur est à mon roi, et mon corps est » entre les mains des méchants; qu'on en fasse ce qu'on » voudra.» Cette fière contenance du grand magistrat en imposa au duc de Guise; de Harlay ne fut pas inquiété et put aller rejoindre Henri III. Il ne revint à Paris qu'à la tête du Parlement, en 1594, lorsque l'abjuration de Henri IV lui eût fait ouvrir les portes de la capitale (V. de Thou, Mézeray, Heinault).

NOTE 3 de la page 28.

Conseil des Seize; espèce de Ligue particulière pour Paris seulement, qui s'était formée en 1585; elle était composée d'hommes vendus au duc de Guise et ennemis jurés de la royauté, qui s'étaient distribué les seize quartiers de la ville et avaient partagé entre eux l'administration des affaires. Le nombre des membres de ce Conseil avait été plus tard porté à quarante. Le duc de Mayenne que ce Conseil, après la mort de Henri III, avait nommé lieutenant - général du royaume, fut obligé de le casser, parce qu'il voulait être plus maître que lui (Hén).

NOTE 1 de la page 41.

Chabrol, qui nous révèle ces faits déplorables (d'après un manuscrit du peintre Lamothe), ne leur imprime pas la moindre flétrissure et ne les fait suivre d'aucunes réflexions. L'article si intéressant et si plein de faits historiques qu'il a consacré à la ville de Riom, il avait écrit d'abord que *Riom libre ne fut jamais ligueur*, mais que les armes et l'autorité du gouverneur (le comte de Randan), en avaient imposé au peuple; et après avoir raconté ces actes de brigandage, il se borne seulement à ajouter que les assemblées des habitants de Riom étaient désertes et livrées au petit nombre des factieux; que les registres de l'Hôtel-de-Ville prouvent que l'évêque de Clermont influait beaucoup sur ces délibérations séditieuses et qu'il y présidait fréquemment.

Il dit encore que « quelques ecclésiastiques crurent la reli-
» gion en danger, trompés par les exemples et les conseils
» de l'évêque de Clermont, frère du gouverneur, et ligueur
» comme lui, qui avait osé faire insérer dans son rituel une
» prière pour obtenir de Dieu que Henri III eût des enfants
» dans la vue unique d'exclure du trône la maison de Bour-
» bon. »

Voilà tout ce que Chabrol se permet de dire sur des actes aussi odieux. Mais Chabrol est un enfant de Riom qui aime avec passion sa ville natale et lui prodigue ses plus chaleureux éloges; il cherche, en bon citoyen, à exalter les sentiments de fidélité qu'elle avait toujours manifestés à d'autres époques avant et après la Ligue; il semble un peu confus de ce que les habitants de Riom ont été ligueurs en très-grande majorité; il invoque en leur faveur des circonstances atténuantes et rejette sur l'évêque et le gouverneur le fardeau de leurs iniquités que, mieux qu'un autre, il aurait pu dépeindre avec les sombres couleurs de Sénèque, ou stygmatiser avec le stylet de Tacite.

Comment admettre, comme le dit Chabrol, que les factieux étaient en petit nombre, alors qu'ils avaient *chassé juridiquement* les principaux citoyens, et notamment le lieutenant-criminel; qu'ils avaient emprisonné ou pillé les magistrats les plus honorables ?

Remarquons encore que lorsque Chabrol écrit l'histoire de la ville de Clermont, il passe complètement sous silence la conduite si différente, au moment des troubles de la Ligue, de ses courageux habitants restés fidèles, malgré les excitations de l'évêque et du gouverneur.

Sans doute cette défaillance de l'historien est digne de beaucoup d'indulgence, surtout de la part de ses compatriotes; car elle a eu de pieux motifs qui la rendent jusqu'à un certain point respectable; mais la vérité historique a ses exigences et n'admet pas de transactions, *Amicus Plato, sed magis amica veritas.*

NOTE 3 de la page 44.

Raymond Chapt de Rastignac, seigneur de Missillac, fils de Claude et d'Agnès de Monbéron, naquit vers l'année 1540.

En 1567 et 1569, il est simple *homme d'armes* des ordonnances du roi; en 1571, capitaine d'une compagnie de deux cents hommes de pied. Après quelques années, il a une assez grande réputation militaire pour que Henri III lui écrive, le 8 juillet 1578, de s'entendre avec les autres seigneurs et gentilshommes du pays, afin d'assurer l'exécution de son dernier édit de pacification, et de pourvoir à la sûreté de la ville de Périgueux, menacée par les protestants.

Le 16 août 1579, il épouse Marguerite de Saulniac, dame de Missillac, qui lui apporte en dot la terre et le château de ce nom situés à peu de distance d'Aurillac ; et depuis, il est souvent appelé du nom de Missillac. Les historiens qui ont écrit sur les guerres de la Ligue le désignent tantôt sous ce nom, tantôt sous son nom patronymique.

En 1584, il prend sur les religionnaires la ville et le fort du Mur-de-Barrès. Peu de temps après, il est nommé lieutenant de roi, à Aurillac.

Il fait, dans toute la Haute-Auvergne et sur les confins des provinces voisines, différentes expéditions pour soumettre quelques petits forts, tels que Calvinet et Coulogne, et ramener ceux qui les détenaient sous l'obéissance royale.

En 1587, à Arpajon près Aurillac, il bat le comte de Randan, disperse ses troupes d'environ trois mille hommes, et le force d'abandonner la Haute-Auvergne, où il comptait établir sa domination dans l'intérêt de la Ligue.

En 1588, les Huguenots ont pris la ville d'Entraigues, en Quercy; les royalistes réfugiés dans le château y sont assiégés; Rastignac vient à leur secours, chasse les Huguenots, tue un de leurs chefs d'un coup d'épée; mais il est blessé dans ce combat.

Pour prix de ses services, il reçoit le collier de l'ordre de Saint-Michel, et, en avril 1589, Henri III le nomme son lieutenant-général gouverneur de la Haute Auvergne.

Maintenu, par Henri IV, dans ce poste important, il continue à se signaler dans plusieurs circonstances.

En mars 1590, sur la demande des royalistes de Clermont, il accourt, avec une petite armée, pour les aider à reprendre la ville d'Issoire, dont le comte de Randan s'était emparé, et c'est lui qui contribue le plus au succès de la bataille de Cros-Rolland.

Déjà, le 5 septembre 1589, il avait fait un traité de paix avec MM. de Drugbac, de Nozières, de Lignerac et autres chefs de la Ligue dans la Haute-Auvergne, qui s'étaient engagés *sur leurs foys et honneurs* à n'entreprendre à l'avenir aucune chose contre le service du roi et l'autorité du gouverneur; après la bataille d'Issoire, il parvient à pacifier tous les pays de son gouvernement.

Tout en faisant respecter l'autorité du roi dans la Haute-Auvergne, il vient en aide aux gouverneurs des provinces voisines, lorsqu'ils n'ont pas assez de forces pour résister aux troupes de la Ligue. Ainsi, en novembre 1591, sur la demande de Thémines, gouverneur de Cahors (et plus tard maréchal de France), il amène un secours aux royalistes contre Emmanuel de Savoie, qui commandait environ trois mille hommes; déjà, le 24 et le 25 novembre, avaient eu lieu près de Roquemadour (ou Roc-Amadour), en Quercy, plusieurs engagements où, de part et d'autre, on avait essuyé quelques pertes. Le 26 novembre, le combat avait recommencé, et Thémines avait poussé vivement les ligueurs, qui commençaient à plier. « Le comte de Rastignac, Ladevèze et » Gourdon (dit de Thou) arrivant sur ces entrefaites, taillè- » rent entièrement en pièces six cents des ennemis, qui s'é- » taient défendus pendant quelque temps dans un endroit » inaccessible, plein de ronces et de buissons.»

En 1592, Thémines était assiégé dans Villemur, en Languedoc, par le duc de Joyeuse, qui avait 4,000 hommes d'infanterie, 1,500 chevaux et une artillerie assez forte pour lui avoir permis de tirer 2,000 coups de canon contre la ville assiégée; Lêque et Chambaut, officiers royalistes, voulaient forcer Joyeuse à lever le siège, mais n'avaient pas des forces suffisantes pour le battre ; et ils avaient demandé un secours au maréchal de Metignon, gouverneur de la Guyenne, qui s'en était excusé ; « ils s'adressèrent, » dit de Thou, « à Ras- » tignac de Messillac, gouverneur d'Auvergne, homme d'un » courage infatigable, (*vir indefessæ virtutis.*) » Rastignac partit immédiatement, à la tête de 100 cuirassiers à cheval et de 200 arquebusiers et, lorsqu'il fut arrivé, l'armée ayant été rangée en bataille, on lui confia le commandement de l'avant-garde. « Cet officier,» dit encore de Thou , « avait

» résolu, même au péril de sa vie, d'arracher Thémines, son
» intime ami, au danger où il se trouvait exposé.»

Tous les chefs catholiques, y compris Thémines, qui avait
fait une sortie pour prendre part à la bataille, rivalisèrent
de bravoure. Le duc de Joyeuse fut battu complètement.
Ses troupes, enveloppées de toutes parts, furent forcées de
plier et de céder le terrain. Les uns se précipitèrent dans le
Tarn, le reste fut taillé en pièces ou dispersé. Enfin, le
duc de Joyeuse, ne trouvant plus un pont que les royalistes avaient détruit, poussa son cheval à la rivière et s'y
noya. — Cette bataille eut lieu le 20 octobre 1592.

Rastignac fut nommé chevalier de l'ordre du St-Esprit,
en 1595.

Tels sont les principaux états de service de ce guerrier,
qui fut toujours sincère catholique et royaliste fidèle. Il avait
pris la devise de sa famille : « *in domino confido.*»

Étant allé, pour les affaires de son gouvernement, auprès
d'Henri IV, à La Fère, dont ce prince faisait le siège, et après
avoir pris congé de Sa Majesté, il fut assassiné par une main
inconnue, d'un coup de fauconneau, le 26 janvier 1596. Son
corps fut embaumé, rapporté à Aurillac et enterré, avec
beaucoup de pompe, dans une des églises de cette ville.

Dans un acte du 15 mai suivant, fait entre sa veuve et les
prêtres de l'église de Notre-Dame d'Aurillac, il est qualifié :
Chevalier des deux ordres du Roy, Conseiller en son conseil
privé et d'estat, Capitaine de cinquante hommes d'armes de
ses ordonnances, Bailly, Gouverneur et Lieutenant-général,
pour Sa Majesté, Seigneur de Missillac.

Chabrol, art. *Aurillac,* dit que Pierre Cambefort avait
écrit un abrégé de la Vie de Rastignac. Ce livre était sans
doute manuscrit ; on ne le trouve dans aucune bibliothèque.

(V. De Thou, *Hist. univ.* édition de Londres, t. XI, p. 134
à 140. — p. 405 et suiv. — p. 532 et suiv. — Palma-Cayet,

Chron. nov., édition Buchon, liv. ii, p. 234 et suiv., et liv. iv, p. 424 et suiv. — Mézeray, années 4590-4592. — Imberdis, *Guerres religieuses* en Auvergne. — Château-Dubreuil, *Précis des guerres religieuses.* — Mém. du président de Vernyes. — Manuscrits d'Issoire. — Annales d'Aurillac. — Chabrol, art. *Aurillac et Issoire*).

ERRATUM.

Page 62, 4e ligne de la Note, lisez : Dans l'article si intéressant et si plein de faits, etc., *au lieu de :* L'article si intéressant et si plein de faits, etc.

Riom, imprimerie de U. Jouvet.

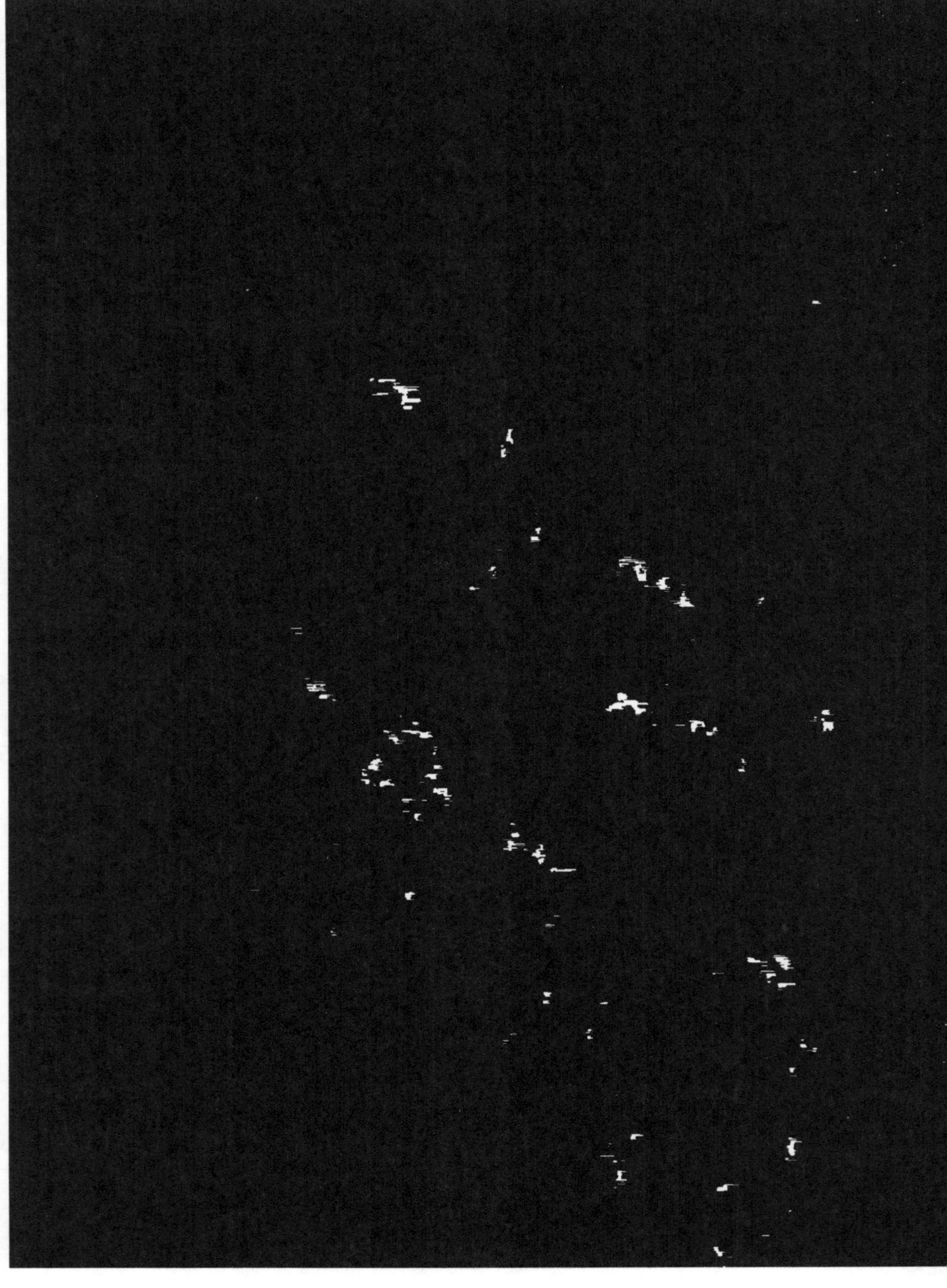